শরণার্থী

# শরণার্থী

কিরীটী সেনগুপ্ত-এর
রিফ্লেকশন্স অন স্যালভেশন বইটির ছায়া অবলম্বনে

বিতান চক্রবর্তী

SHAMBHABI
The Third Eye Imprint

*Sharanarthi*
A collection of Bengali prose
by Bitan Chakraborty
October, 2016


প্রচ্ছদ : সৌরীশ মিত্র

গ্রন্থস্বত্ব : লেখক ২০১৬


প্রকাশক : শাম্ভবী-র পক্ষে ভাস্বতী সেনগুপ্ত,
এ ১০/১ অমরাবতী, সোদপুর, কলকাতা-৭০০১১০
Email: thethirdeyeimprint@gmail.com


প্রথম সংস্করণ : অক্টোবর ২০১৬


অক্ষরবিন্যাস : মৈত্রেয় চক্রবর্তী
১৮৫, কালী টেম্পল রোড, নিমতা, কলকাতা-৭০০ ০৪৯

মুদ্রণ ও বাঁধাই : এস.পি.কমিউনিকেশনস,
রাজা দিনেন্দ্র স্ট্রিট, কলকাতা-০৯


**বিনিময় :**    ₹১০০

ISBN : 978-93-85783-42-5 (Paperback)

"তোর কাছে রোজ আসতে ভালো লাগে," কাকু বললেন আমার অফিসে বসে।

বড়ো প্রাপ্তি। থিয়েটারে আমার ওঠা-বসা ওঁরই কাছে। অফিস থেকে বেরোবার আগে আশীর্বাদ করলেন, "বড়ো হও, মানুষ হও"। আমি আজও কাকু, শ্রী সুপ্রীতি মুখোপাধ্যায়-এর শরণার্থী।

কৃতজ্ঞতা স্বীকার

শ্রী কিরীটী সেনগুপ্ত
শ্রী দেবপ্রিয় ভট্টাচার্য

# মুখবন্ধ

শ্রীমদ্ভগবদ্গীতায় ব্যক্ত নিষ্কাম কর্মের ধারণা বাস্তবে ঝঞ্ঝাবিক্ষুব্ধ জীবনের মুখোমুখি হওয়া মানুষের কাছে এক প্রহেলিকা বয়ে আনে। আবার গীতার অনেকে স্বীকৃত ব্যাখ্যাতেই সমস্যাসঙ্কুল যাপন থেকে 'মুক্তি'র পথ হিসেবে নিষ্কাম কর্মকে দেখা হয়েছে। সাদা চোখে কর্ম ও তার ফলের মধ্যে যে সম্পর্ক, তাকে অস্বীকার করা যায় না; আবার কর্ম আর ফলের মধ্যে সম্পর্কটাও সব সময় যুক্তি-নির্ভরতায় বাঁধা থাকে না।  তাই গীতার কর্মের আর মুক্তির বা মোক্ষের ভাবনা বাস্তব ক্ষেত্রে তো বটেই, দার্শনিক উপলব্ধির জায়গাতেও অনেক সময়েই সমস্যা সৃষ্টি করে থাকে। বিশেষত নাস্তিকের কাছে, কামনাকে উধ্বার্য়িত করার এই ধারণা কোনো স্পষ্ট বার্তা নিয়ে আসতে পারে না। জড়বাদী দৃষ্টিভঙ্গী থেকে গীতার কর্মযোগ ও মুক্তিকে ব্যাখ্যার প্রচেষ্টা নতুন না হলেও বিতান চক্রবর্তীর লেখনী এই দার্শনিক সমস্যাটিকে ব্যাঞ্জনাময় ভাষায় বিশ্লেষণী প্রকাশে সক্ষম হয়েছে।

'শরণার্থী' হল কিরীটী সেনগুপ্তের 'রিফ্লেকশন্‌স অন স্যালভেশন'' নামক গ্রন্থটির ছায়ানুসরণে রচিত এক নব্য অনুভূতি জাগরণকারী গ্রন্থ। ডা. সেনগুপ্ত তাঁর বইতে গীতার কর্মযোগ ও মোক্ষের ভাবনাগুলি আধুনিক বস্তুবাদী দৃষ্টিতে বিশ্লেষণ করেছেন। তাঁর রচনায় যেমন চিকিৎসকসুলভ নৈর্ব্যক্তিক দূরত্ব আছে, তেমনই আছে ব্যাঞ্জের তীব্রতা। বিতান চক্রবর্তী ডা. সেনগুপ্তের লেখাটি অনুসরণ করলেও সরাসরি

অনুবাদের মধ্যে যাননি। তিনি নিজের পারিপার্শ্বিক থেকে উদাহরণ নিয়ে, বাঙালি জীবনকে স্বীকার করে কর্ম ও মোক্ষের মূল বৈশিষ্ট্য বোঝার চেষ্টা করেছেন।

এই গ্রন্থের লেখক বিতান চক্রবর্তী অন্যত্র তাঁর 'হত্তারক' গল্পে দুটি চরিত্রের মধ্যে সংলাপ লিখেছেন এইভাবে—

" —আপনি কি শুনেছেন, আমাদের এ অঞ্চলে কয়েকদিন ধরে কিছু লোক নিখোঁজ হয়েছেন ?

—হ্যাঁ, তবে শব্দটা 'নিখোঁজ' নয়, 'খুন' বোধহয়।

---না না, নিখোঁজ। মানুষের মৃত্যুর পরের ডেস্টিনেশন কি কেউ জানে ?

—না।

—তাই এরপর সব নিখোঁজ।"[২]

গীতায় মানুষের জীবনে কর্তব্য ও নীতিবোধের দ্বন্দ্বকে যে ভাবে দেখা হয়েছে, তার ব্যাখ্যা কেবল একটি তো নয়। দ্বিতীয় অধ্যায়ের একটি শ্লোকে বলা হচ্ছে—

অব্যক্তাদীনি ভূতানি ব্যক্তমধ্যানি ভারত।
অব্যক্তনিধনান্যেব তত্র কা পরিদেবনা।। (২। ২৮)

অর্থাৎ, সব প্রাণীই জন্মের পূর্বে অপ্রকট ছিল এবং মৃত্যুর পরেও অপ্রকট হবে, কেবল মধ্যভাগ প্রকট বলে মনে হচ্ছে। সুতরাং এতে শোক করার কী আছে ? এই শ্লোকের অর্থ যদি অজ্ঞাবাদী (Agnostic) ভাবনা থেকে করা হয়, তাহলে কি খুব অন্যায় হবে ? জীবন থেকে সরে আসা কী মুক্তি ? সংসার থেকে সরে যাওয়াই কী সন্ন্যাস ? যাঁরা নির্বিকারভাবে সংসারের সকল দায়িত্ব পালন করেন, তিনি কি নিজের অহং থেকে বিযুক্ত হয়ে সংসারের বন্ধনের মধ্যেই সন্ন্যাসের স্বাদ পান না ? এই সব

জটিল প্রশ্নের আশ্চর্য সমাধান-প্রচেষ্টা এই গ্রন্থের মূল আকর্ষণ।

অতি সংক্ষিপ্ত এই কাব্যোপম গদ্যগুলিতে জীবনের কিছু উজ্জ্বল সত্যের চকিত উদ্ভাসন ঘটিয়েছেন বিতান। শেষ পর্বটিতে তিনি লিখেছেন, ''ঘরের ভিতর জানালা খুলে দিই, অগুরু ছড়াই, ঘুরে ঘুরে দেখি তোমার নির্মাণ আধেক অন্ধকারে। জানালা দিয়ে আলো এসে পড়লে তোমায় দেখি। দুচোখ ভরে।'' এই মায়াবি গদ্যে তিনি খুলে দিয়েছেন নতুন ভাবনার দ্বার; মানুষের মধ্যেই 'তিনি' আছেন, মনের জানালায় আলো এনে ফেললেই 'তাঁকে' দেখা যায়। 'তিনি' আছেন অসুস্থের সেবায়, শ্রমিকের পরিশ্রমে, মিলনে-বিচ্ছেদে। যে মানুষ সংসারের নিত্য প্রয়োজনে নিজের স্বার্থ নিয়ত বিসর্জন দেয়, তার চেয়ে 'বিযুক্ত' মানুষ আর কোথায় পাবো? রবীন্দ্রনাথ 'আপন হতে বাহির হয়ে বাইরে' দাঁড়ানোর কথা বলেছিলেন। এই অহংমুক্তির বাণী আমাদের ছোটো ছোটো ত্যাগে, দানে, প্রেমে, স্নেহে প্রতিনিয়ত সংসারের ভিতরেই তো সত্য হয়ে উঠেছে। এই সত্যগুলিকে তীক্ষ্ণ গদ্যে স্বাদু করে তুলেছেন বিতান চক্রবর্তী। তাঁর এই গ্রন্থটি পাঠকের ভালো লাগবে ও জীবনকে দেখার নতুন দৃষ্টি নিয়ে আসবে বলে বিশ্বাস করি।

দেবপ্রিয় ভট্টাচার্য
ডব্লু. বি. ই. এস
বিভাগীয় প্রধান
শহিদ মাতঙ্গিনী হাজরা গভর্ণমেন্ট কলেজ ফর উইমেন
পূর্ব মেদিনীপুর
১ অক্টোবর ২০১৬

১ । Sengupta, Kiriti, *Reflections on Salvation*; Transcendent Zero Press, Houston 2016

২ । চক্রবর্তী, বিতান; শান্তিরামের চা; শাম্ভবী, কলকাতা- ১১০, জানুয়ারি ২০১৬, পৃ-৮৫

আমার মুক্তি, আমার আরাম...

আমাকে উৎসর্গ করা একটা বই– রিফ্লেকশন্স অন স্যালভেশন। আমি কেন? এটা তো প্রাপ্য ছিল পাগড়ি পরা সেই শিখ যুবকটির। যে জীবনে মাছ-মাংস তো দূর, একটান তামাকও নেয়নি। গাড়ি চালায়। কলেজে পড়ে। ব্যবসার তুঙ্গ সময়ে আমাদের আবদারে ব্যস্ত কলকাতার চা খাওয়ানোর জন্য দাঁড়িয়ে পড়ে। আর তারপর সারা সন্ধে আলোচনা করি ছেলেটি আসলে কীভাবে মুক্তি পায়? তার এই নিয়মনিষ্ঠ জীবনে, নাকি এই সহজতায়। রাতে ফেরার পথে ঘুণাক্ষরে টের পাইনি কিরীটী-দা (কিরীটী সেনগুপ্ত) মারাত্মক কাজ করতে চলেছেন। হ্যাঁ, আজ বলছি, মারাত্মক! প্রথম কয়েকবার বইটি পড়ে মনে হয়েছিল, ধর্ম নিয়ে এতো প্রশ্ন কেন? যদিও বা প্রশ্ন, তার উত্তর কোথায়?

''উত্তর আছে, পড়ে দেখ''। পড়ে দেখ, মানে? কিরীটী-দা কী ভাবেন, আমি পড়িনি? না পড়েই তর্ক করছি? দাঁড়াও, দেখাচ্ছি মজা! হঠাৎ একদিন কি খেয়াল হলো, ''স্যালভেশন'' অধ্যায়টি বাংলায় লিখে ফেললাম। আমার মতো করে। আরে, এ যে মহা মুশকিল। কী এর অর্থ? এ স্রোত কোথায় নিয়ে যায়? কিরীটা-দা লিখেছেন, ''They say, God dwells within; it is then the mortal exploration of the resort where salvation is largely seen!'' আমি বলি, ''ঘরের ভিতর জানালা খুলে দিই; অগুরু ছড়াই, ঘুরে ঘুরে দেখি তোমার নির্মাণ আধেক অন্ধকারে। জানালা দিয়ে আলো এসে পড়লে তোমায় দেখি। দুচোখ ভরে''।

ভাবি, সহজ কথাগুলো আমার কাছে জটিল হয়ে আসে কেন? আর, যে আমি বলছি এতো প্রশ্ন... উত্তর কোথায়? সেই আমিই উত্তর লিখে ফেলি বাংলা ভাষারূপে। আসলে কিরীটা-দার মূল লেখার প্রবেশদ্বার তেমন প্রশস্ত নয়; হয়তো এটা নিরাপত্তা বিষয়ক। কিন্তু অন্তর আদিগন্ত বিস্তৃত।

ব্যক্তিগত আলাপচারিতায় একজন জানতে চাইলেন, ''হঠাৎ এ বই কেন?'' বিস্তারের কাছে পৌঁছতে কার না ভালো লাগে? তবে স্বীকার করছি, শুরুর সময়ে তেমন কোনও উদ্দেশ্য ছিল না, কেবল দেখানোই উদ্দেশ্যে ছিল। দ্যাখো, আমি পড়েছি। তারপর এক আনন্দ পেয়ে বসল। ফুলের জটিল পুষ্পবিন্যাস বুঝে নেওয়ার আনন্দ। তবে আজ যখন আবার বুঝে নেওয়ার চেষ্টা করছি, তখন একটা উত্তর ভেসে আসে...স্বহম। সেই 'আমি'-র অস্তিত্ব। কোন পথে তাড়িয়ে নিয়ে ঢুকে পড়ব নতুন যাপনে তার সন্ধান। এই পুস্তিকার প্রতিটি প্রশ্ন এবং পরতে পরতে তার উত্তর নিজের মধ্যে খুঁজে পাওয়ার যে আরাম আমাকে আবিষ্ট করে রেখেছে, তাকেই আমি এই লেখার উৎসাহ হিসেবে দেখেছি। আর বিশ্বাস করছি, নিজের মধ্যে এই আরামই আমার মুক্তি। কথাতে আছে, বিশ্বাসে মেলায় বস্তু, তর্কে...

বিতান চক্রবর্তী
সেপ্টেম্বর ২৭, ২০১৬
দেবী নিবাস রোড, দমদম
কলকাতা- ৭৪

জাফরান

আমার পৈতে হওয়ার সময় ঈশ্বর আরাধনার মন্ত্র শিখেছিলাম। অথচ আমার ধুতি পরতে ভালো লাগে না বলেই বাড়িতে পুরোহিত আসেন। পুরোহিত মশাইয়ের কাছে শালগ্রাম শিলা আছে। তিনি ধুতিও পরেন। তিনি পবিত্র। আমি ঠাকুরঘরের বাইরে অপেক্ষা করি। দরজা বন্ধ। পুজো চলছে; শুভ মন্ত্রগুলো আমাকে ঘিরে থাকে। ক্রমশ অবশ লাগে। পুরোহিত মশাই কি সম্মোহন জানেন ? নাকি সাবধানে সরিয়ে রাখেন আমাদের, আমাদের থেকে !

আসলে সমস্তটাই আমাদের মনের কারুকাজ। যেমন ধরুন, খাবারে জাফরান মিশিয়ে কেমন লাজিজ করে তুলি। আবার একজন জাফরানি পোশাক পরলেই তাকে মহৎ মনে হয়। চোখ পদ্মপুকুরের মতো শান্ত হয়ে আসে। আপনি পদার্থবিদ হলে বলবেন, প্রতিটি রঙিন তরঙ্গের নিজস্ব অর্থ আছে। সন্ন্যাস নিজের যাবজ্জীবন থেকে মুক্তি। এমন মুক্তি যা আপনাকে সমস্ত সংসারের সাথে যুক্ত করতে করতে পৌঁছে দেবে সেই বিস্তৃত চরাচরে যাকে আপনি ঈশ্বর বলে চিনবেন।

কিন্তু আমি সন্ন্যাসী হব কীভাবে ? কৃত কর্মের উপর নির্ভরতা বিচ্ছিন্ন করে ? অথচ দেখুন ভগবানও নির্ভর করেন। যেমন দিগন্ত উদাহরণ হয়ে থাকে !

ভগবান সন্ন্যাসীর কয়েক পঙ্‌ক্তি আগে বসেন।

## আম-রাজ

আম পাকলে তার আর্দ্র হৃদয় জাফরানি হয়ে ওঠে। ঠাকুর বলেন, ‘‘আম খাচ্ছ, আম খাও... গাছ গুনো না”।

আচ্ছা ঠাকুর, সত্যিই কি কারও পক্ষে সন্ন্যাস নেওয়া সম্ভব? কেন একজন গাছ লাগিয়ে আম খাওয়ার স্বপ্নে দিন গুনবে না? ঠিক আছে, আমি না হয় গাছের কথা ভুলে গেলাম। কিন্তু ভাবুন, একজন চাষি মাটিতে সার দেয় কেন যদি সে মাটিতে ফসলই না বোনে?

অনুসরণের ইচ্ছে কি মিথ্যে? অথচ ডাক্তারবাবু চান রোগী তার কথা মেনে চলুক। এমনকি ভগবানও চান ভক্ত তার ভক্তিকেই পথ করুক।

# বিনিময়

ছেলেবেলার সাধারণ জ্ঞান বইয়ের সেই কথাটা মনে পড়ে? ''প্রয়োজনের তাগিদে সৃষ্টি''। প্রয়োজন যা জড়কেও জীবন্ত করে। আমরা বলি ভগবান করেন, আমাদের দাবি মেনে। ভগবানেরও মানুষের প্রয়োজন হয় তাঁর প্রয়োজন মেটাতে। অথচ তাঁকে আবিষ্কার করতে আপনি সন্ন্যাস নেন।

ভগবান, আপনি একটিবার বিযুক্ত হন 'যুক্ত' হওয়ার মূল্য বুঝে নিতে।

তুমি তো সন্ন্যাসী, তুমি জ্ঞানী। কার্য-কারণ সম্পর্কের বাইরে থাকো তুমি। কিন্তু ওই যে লোকটি কাজ করেন মূল্যের বিনিময়ে, যাতে তার সংসার চলে... সে আসলে মূর্খ! কোথা থেকে সে শিখেছে ভগবানের কাছে পরিবার পরিজনের কল্যাণ কামনা করতে। আরও কিছুকাল প্রিয় মুখগুলোর সাথে থেকে যেতে।

# আচরণ বিধি

বছরে একবার বাবা স্কুল-ড্রেস কিনে দিতেন। ''এই ড্রেসটা পরেই কেন স্কুলে যেতে হয়?'' চুলে হাত বুলিয়ে মা বলতেন, '' না হলে লোকে জানবে কেমন করে তুমি কোন স্কুলে পড়?'' কৈশোরে অজ্ঞাত থাকে... যৌবনে দেখি নানা রঙ নানা ভাব নিয়ে আসে। শুভ্র শান্ত হয়; বিপ্লব চলকে পড়ে রক্তে, ত্যাগ নিয়ে আসে জাফরানি বেশ। এ সমস্ত অর্থ আসলে জীবনের সাথেই যুক্ত করে। পরিণত এখন বুঝে নিতে চায় সন্ন্যাস কী কেবল ত্যাগই আসে?

আমাদের পাশের বাড়ির অবিবাহিত কাকু প্রতিদিন অফিসে যান; একই বাস ধরেন; বাড়ি ফিরে আসেন, ঘাম মুছে রান্না বসান। অসুস্থ মায়ের রাতের খাবার গরম হয়। আর তারপর পুজোয় বসেন। অদ্ভুত সন্ন্যাস যাপন। সেবাতে মুক্তি পান কাকু? এভাবেই সন্ন্যাসী হয়ে ওঠেন?

'বিধি' তো পরাজয়ের চিহ্ন। বিযুক্তির নিশ্চিত পরাজয়। 'আচার' যদি আধ্যাত্মের পথ হয়, 'বিধি' বাম। যে চরাচর জুড়ে তাঁর অধিষ্ঠান, বিচ্ছিন্ন হয়ে তাঁকে আমি কোন বিস্তারে পাবো?

## মঞ্চসজ্জা

লাইট... ক্যামেরা... অ্যাকশন... ডিরেক্টরের মুখ থেকে তিনটি শব্দ পড়তেই খটাস করে ক্ল্যাপস্টিক বন্ধ করে সরে গেল স্পট বয়। অভিনয় শুরু হয়; কোনও অভিনেতাই ভুল করেন না। সমস্তটাই করা হয় যেমন ডিরেক্টর শিখিয়েছেন। ওরা ওদের শ্রেষ্ঠটা দেন। আর ডিরেক্টর চান সবটা নিংড়ে প্রকাশ সূক্ষ্মতর হোক। দর্শকেরা অপেক্ষায় থাকেন।

শেক্সপিয়ার বলতেন, ''এ বিশ্ব চরাচর আসলে রঙ্গমঞ্চ''। মানে, আপনি-আমি সকলেই অভিনেতা। নির্দিষ্ট সময় জুড়ে কেবল অভিনয় করে যাচ্ছি। দাঁড়ান মশাই, খানিক থামুন। ভাবুন, আপনি অভিনয় করে চলেছেন অথচ কোনও দর্শক নেই দর্শকাসনে।

প্রশংসা কার না ভালো লাগে? কিন্তু আপনি যদি প্রশংসিত না হন? নিজেকে দুর্ভাগা মনে হয়? মনে হয় সবটা ঠিক মতো করতে পারলেন না?

যথাযথ প্রকাশ মুক্তির স্বাদ আনে। মুক্তি দুপক্ষেরই; প্রকাশক এবং দর্শক। আমাদের সতেজ পঞ্চ-ইন্দ্রিয় অতীন্দ্রিয়ের পথ খোলে।

## আক্কেল দাঁত

আক্কেল যন্ত্রণা প্রবল ! ভদ্রমহিলা রিক্সায় সারাটা রাস্তা ধরে কেবল প্রার্থনা করেছেন, ''এ যন্ত্রণা থেকে মুক্তি দাও ঠাকুর''। ডাক্তারবাবু পরীক্ষা করে ব্যথা লাঘবের ইঞ্জেকশন দিলেন। সঙ্গে নিদান—দাঁত তুলে ফেলতে হবে। চেয়ার ছেড়ে প্রায় লাফিয়ে উঠে ভদ্রমহিলা বললেন, ''না, তোলাব না। যেভাবে হোক ক্ষয়ে যাওয়া দাঁতটি রেখেই ট্রিটমেন্ট করুন''। ডাক্তারবাবু নিষেধ করলেন আরও একবার। প্রদাহ কমাবার জরুরি ওষুধ লিখে দিলেন। ডেট দিলেন দাঁত তুলে ফেলার। অসহিষ্ণু হয়ে উঠলেন রোগী, ''এখন কতো রকমের আধুনিক চিকিৎসা, আপনি ব্যথা-মুক্ত সংরক্ষণের বিষয়ে ওয়াকিবহাল তো ?''

স্মিত হেসে ডাক্তারবাবু বললেন, ''জ্ঞান বেদনারই অনুসারী হয়''।

# যোগ

"ধূমপান স্বাস্থ্যের পক্ষে ক্ষতিকারক"।

আপনি ধূমপায়ী ? দুঃখিত, তবু এই সাবধান বাণী আপনারই জন্য। দেখতে পাচ্ছি, আপনার পকেটের সিগারেট প্যাকেটে এখনও কয়েকটি সিগারেট পড়ে আছে। বেশ জানি, গতকাল রাতেও স্ত্রীকে কথা দিয়েছেন এবার ছেড়ে দেবেন। সহধর্মিণী আপনার প্রাণাধিক প্রিয়। কিন্তু তার উপর বিশ্বাস পুড়তে-থাকা তামাকের থেকে কিছু কম।

তাই প্রতিদিন আরাম করে ধোঁয়া ছেড়ে বিড়বিড় করেন, "এই শেষ; কাল থেকে আর নয়"।

# দান

জ্যোতিষ বিশ্বাস করি আমি। শাস্ত্র বলে কথা! জ্যোতিষী বিধান দিলেন, ''দুটি দুগ্ধবতী গাভি দান কর''। দান আমাকে সমস্ত অশুভ, অ-সুখ থেকে মুক্তি দেবে। আমার স্বাস্থ্য এবং সম্পদ বৃদ্ধি পাবে।

সমৃদ্ধি কে না চায়! নির্দেশ অনুযায়ী দুগ্ধবতী গাভি দান করলাম। পুরোহিত সামান্য পৃথুল। দান গ্রহণ করে ভদ্রলোক খুশি। আশীর্বাদ করলেন দুহাত ভরে। জানাতে ভুললেন না যে ভগবান আমার মঙ্গল করবেন।

জ্যোতিষ মতে কোনও কাজে ফাঁকি হয়নি। ভাগ্য ফিরল না। একদিন পুরোহিত মশাইয়ের সাথে দেখা... হঠাৎ। বিরক্ত খুব। প্রদত্ত গাভি দুধ দেওয়া বন্ধ করেছে।

# অগ্নি

বেদ বলেন যজ্ঞ কর। মুক্তি পাবে। বেদ রচয়িতারা ত্রিকালদর্শী। আমরা খানিক অন্ধ। গাছের পর গাছ কেটে ফেলি, ঘি-এর পর ঘি ঢেলে দিই অগ্নির মুখে। ওদিকে পরিবেশবিদরা চেঁচান, গাছ কেটে কেটে পরিবেশ নষ্ট হয়ে গেলো। সমাজ-তাত্ত্বিকেরা হাত-পা ছুঁড়ে, কাগজ দেখিয়ে বলেন, কতো শিশু প্রতিদিন মারা যায় অনাহারে।

আমি অবাক হই। যে জ্ঞানী পুরুষেরা বেদ লিখেছিলেন তাঁরা কোনোদিন পৃথিবীতেই বসবাস করেননি। অথবা, ভবিষ্যৎকাল আবহাওয়া পরিষ্কার না থাকায় অস্পষ্ট ছিল।

## ধ্যান

আজও এক প্রস্থ ভুল হয়ে গেলো। ''মন নেই... কাজে মন নেই!'' উদ্বেগের সাথে মাথা নাড়লেন বড়োবাবু। পরদিন নিজেই বয়ে আনলেন ধ্যান ও মনঃসংযোগের উত্তম কিছু বই।

''ধ্যান মনকে একাগ্র করে''। নিউমার্কেট থেকে ম্যাট কিনে বসে পড়লেন। মনকে ধ্যানস্থ করার চেষ্টা। ওদিকে পায়ের পেশিতে কেমন টান টান ভাব। কাঁধেও চিনচিনে ব্যথাটা চাগাড় দিচ্ছে। সাড়ে আটটার কমেডি-শো কী আজ তবে মিস হয়ে গেলো? ইসস! মোবাইল বিলটা জমা দিতে ভুলে গেছেন? আজ না লাস্ট ডেট ছিল! ওহো... যত সব উর্বশী চিন্তাগুলো ধ্যানভঙ্গ করে।''ভঙ্গুর ধ্যান কুকর্মের সমতুল্য। বিযুক্ত হয়ে ধ্যানে যুক্ত হও''। সদ্য-পড়া গীতার শ্লোক মনে পড়ল?

অফিসের নতুন, ডেঁপো ছেলেটা সব শুনে বলে, ''আপেক্ষিক শব্দটির অর্থ গীতা রচনাকালে আবিষ্কৃতই হয়নি''।

## স্বর্গলাভ

ধর্মপ্রাণ যারা, মনে মনে ফর্দ তৈরি রাখেন। ফর্দ আসলে আপনার প্রতিদিনকার নিত্য বয়ে চলার দায়িত্ব। যেমন, ছেলেটার জন্য রোজ ভোর পাঁচটায় চোখ কচলে উঠে ঢুলঢুলু পায়ে স্কুলে পৌঁছে দেওয়া। স্ত্রীর ইচ্ছায় প্রিয় চারাপোনা ছেড়ে পাকা কাটাপোনার পিস্‌ হাতে বাড়ি ফেরা। বিরক্ত হবেন না। এ সমস্তই আপনার দায়িত্ব। রোজ করে গেলে ফর্দের প্রতিটি আইটেমের পাশে টিক্‌ চিহ্ন বসে যাবে। আমাদের প্রতিটি দান মোক্ষের দিকে নিয়ে যায়। স্বর্গলাভ হয়! কেন? কখনো শোনেননি, ভবা পাগলা বলেন, ''ডিউটি করলে বিউটি বাড়ে''।

আমার জেঠিমা রমা। বয়স আজ সত্তর উপচে গেছে। কোনোদিন ডিউটি কামাই করেননি। ছেলে, স্বামী, সংসার... ফর্দ মিলিয়ে টিক্‌। শুধু নিজের শরীরটা ছিল না ফর্দে। তাই আজ চামড়া ফেটে রক্ত তাকিয়ে থাকে। ডাক্তার বলেন ঠাণ্ডা দেশে থাকতে। মেয়ে থাকে বিদেশে। দু-তিনমাস কাটিয়ে আসেন। তারপর রাস্তার সাথে মুখ দেখাদেখি বন্ধ। আমার জেঠিমার ফর্দের পাশে কাটা চিহ্ন নেই। বিউটি আপেক্ষিক। আমরা নিশ্চিত জেঠিমার স্বর্গলাভ হবে।

ফেরা

ডোরবেল বেজে উঠল। কাজের মেয়েটা দরজা খুলে দিয়ে হাঁক দিলো, "বৌদি, সাধুবাবা এয়েচে"। এমনটাই প্রায় প্রতি রোববার হয়। আমাদের পাড়ার প্রতিটি দরজায় সেদিন সাধুবাবার আগমন। তাঁদের ছোট্ট আশ্রম আছে, নদিয়ার কোনও এক গ্রামে। অনুদান সংগ্রহ করেন। কেউ কেউ দেয়; কেউ কেউ আবার যত্নে তুলে রাখেন চাঁদার বিল। এভাবেই স্বচ্ছন্দে চলে যায় সন্ন্যাসজীবন। চাঁদার রসিদগুলো বাঁচিয়ে দেয় আয়কর রাশি।

সাধুবাবা মাঝেসাঝে গল্পে-গল্পে বলেন, ছেলেবেলাতেই সংসার ছেড়েছিলেন। সংসার মোহ ভালো লাগে না। আজও টানে না তাঁকে। সংসার... কেবল প্রতি রবিবার ফিরে আসতে হয় চাঁদার বিল হাতে।

# শ্রীহরি

‘‘আমরা কর্মের দ্বারা আবদ্ধ নই। না খারাপ, না ভালো। আমরা যে কর্তাই নই’’। মৈত্রেয় গীতার মর্ম হৃদয়ঙ্গম করার চেষ্টা করছে সদ্য। তার কিছু ভুলের ব্যাপারে সাবধান করতে গিয়েছিলাম দাদার অধিকারে। সব শুনে প্রায় সঞ্জয়ের ঢঙে বলে উঠলো কথাগুলো। ‘‘কে বললে আমরা পুজো করি, তিনি করিয়ে নেন, কারণ তিনি যে আমারই মধ্যে জাগ্রত’’। কথাগুলো মনে সাহস যোগায়। সত্যি তো, তাহলে উপোষ করি কেন? কেন তাঁকেই কষ্ট দিই? নিজেকে আরাম দিয়ে তাঁকে সুখি করি। যাহ্, ভুলে গিয়েছিলুম ‘‘...তোমার কর্ম তুমি কর মা, লোকে বলে করি আমি’’।

চুরির দায়ে জেল হয়ে গেলো চোরের। আহা, কী মূর্খামি! কে চোর? আমি, না তিনি? কে সাব্যস্ত হয় চোর? না হয় মূর্খই আমি...

নিষ্ফল

''জন্ম, মৃত্যু, বিয়ে তিন বিধাতা নিয়ে''। বিধাতার ব্যবস্থাপনায় বিবাহ সম্পন্ন হয়। দুজন সক্ষম মানুষ নূতনের জন্ম দেয়। সভ্যতা এগোয়। উহুঁ, সামান্য উলটে দেখুন। সন্তানের আশায় বিবাহ হয়; তবে কি বিধাতাও আশা করেন?

অর্জুন এখনও ফেলে আসা ধনুক তুলে নেননি। এখনও নিশ্চিত নন ফলাফল নিয়ে। সারথি মৃদু হাসেন। নাভির থেকে উঠে আসে বাণী। ''কর্ম কর, ফলের আশা কর না''।

ইনফার্টিলিটি সেন্টারে গীতা স্টক করা শুরু হয়েছে এখানে। নিঃসন্তান দম্পতির চিকিৎসা করার পর ডাক্তারবাবু একটি করে তুলে নেন। ''কাজ করে যান, রেজাল্ট নিয়ে কেন ভাবছেন?''

আমাদের পাড়ায় এতো ভিড় কোনোদিন হয়নি আগে। সমস্ত এলাকা যেন ভেঙে পড়েছে। আসলে, পাড়ার ইনফার্টিলিটি সেন্টারটি উঠে গিয়ে নতুন বুটিক খুলেছে আজ থেকে। বিপাশা বাসু এসেছেন।

## বন্ধন

হে জ্ঞানী, আজ আমি তোমার কথা মানি না। বিশ্বাস করি না। আজ তোমাকে প্রশ্ন করি; করব না কেন? আশা করব না কেন? তুমি কর না? তবে কেন শরীরে বীজ বোনো! কখনও ভেবে দেখো স্রষ্টা, নিষিক্ত ডিম্বাণু তোমারই সৃষ্টি। তবু কেবল একবার নিষেকের আশায় কতো কতো ডিম্বাণুর ধারাবাহিক নিঃসরণ হয়। আপনি একে রজঃস্রাব বলেন, আমি বলি নিষ্ফল।

ছুটি

জয়তি-দির সাথে আমাদের মুখোমুখি আলাপ নেই। আর্ন্তজাল যোগাযোগ। চলে যাওয়ার দৃশ্য তার পরিচিত। অনেকটা সময় সংসার যাপন করলে যা হয় আর কী। ‘‘যেতে দেওয়াটা তো মুক্তি!’’– একদিন কথা প্রসঙ্গে বললেন।

অনেকদিন আগে নদীর ধারে বসে মৌমিতাকে শুনিয়েছিলাম, ‘‘তুমি সুখ যদি নাহি পাও, যাও সুখের সন্ধানে যাও, আমি তোমারে পেয়েছি হৃদয় মাঝে, আর কিছু নাহি চাই...’’

প্রবৃত্তি

অভিশাপ মুক্তির অন্য উপায়। আমি মজা করছি না, বিশ্বাস করুন। জরা-কে মনে নেই ? যার বিষাক্ত তীর মৃগ-ভ্রমে কৃষ্ণকে বিদ্ধ করেছিল। ভগবানের ইতিহাস জরা-কে ক্ষমা করে ? এ তো অভিশাপে কৃষ্ণের ভোগ। না কি বেদ জ্ঞানে বলব জরা কর্তাই নয় ? গীতা আপত্তি করেননি হত্যায় ! যদি সে হত্যাকারী নিরহঙ্কার এবং কর্মযোগী হন।

সলমান খান কৃষ্ণসার মৃগ হত্যার দায়মুক্ত আজ। আমি এই বিচার সমর্থন করি। আর যারা এখনও খান-কে জেলে পুরতে চান, তারা আসলে ভগবানেরও ঊর্ধ্বে।

মোক্ষ

তুমি তাঁকে দেখেছো? ঈশ্বর? কতো, কতো ঈশ্বর
তুমি দেখেছো? অর্ধনিমীলিত চোখে সিদ্ধার্থ বলেন,
"তিনি এক এবং অদ্বিতীয়। সমস্ত ধর্ম-দ্বেষ ত্যাগ কর।
তাঁর শরণ নাও"।

শ্বাস আমার বসত তৈরি করে। কথাতেই আছে,
"যতক্ষণ শ্বাস ততোক্ষণ আশ"। নির্মাণ আমাকে শরণ
দেয়। ঘরের ভিতর জানালা খুলে দিই, অগুরু ছড়াই,
ঘুরে ঘুরে দেখি তোমার নির্মাণ আধেক অন্ধকারে।
জানালা দিয়ে আলো এসে পড়লে তোমায় দেখি।
দুচোখ ভরে।

# চিন্তাহীন অভ্যেস

তারিখ মনে নেই; ১৯৯০-এর মার্চ মাসের কোনও এক দিন। তখন আমি মাধ্যমিক পরীক্ষার্থী। ঐচ্ছিক জীবনবিজ্ঞান-এর পরীক্ষা শেষ দিনে ছিল। বেশ মনে আছে, বাড়ি ফিরে মা-কেই বলেছিলাম, ''ওহ, আজ মুক্তি!'' তখন কী আর শাস্ত্রজ্ঞান ছিল? আজও যে আছে এমন কথাই বা বলি কী করে? কিন্তু, অল্প বয়সে পরীক্ষা শেষ মানেই তো ছাত্রকুলের মুক্তি! ছুটি।

ধর্ম কাকে বলে? শাস্ত্রজ্ঞ বা ভাষাবিদরা বলবেন সংস্কৃত 'ধৃ' ধাতু থেকে উদ্ভূত ধর্ম, অর্থাৎ যিনি বা যা ধারণ করেন। শব্দের বুৎপত্তি জেনে আমার কী কাজ! 'শাস্ত্র', 'কৃষ্ণ', 'রাধা', এমন কতো প্রচলিত শব্দ বা নামের বুৎপত্তি জেনে কি আমরা ব্যবহার করি? একটি অপ্রচলিত শব্দের উদাহরণ দিই? 'দান্ত'। ডেন্টিস্ট বলে আমি দাঁত বিষয়ক শব্দ লিখে আপনাদের চমকে দেব, এমন ভাবনা মনেও আনবেন না, পাঠক।

ধর্ম কী বুঝে নিতে হলে ছোট্ট একটি উদাহরণ দেওয়া যেতে পারে। একদিন বাবা-কে বললাম, ''লোকজন খুব নিন্দে মন্দ করছে আমাকে নিয়ে, বাবা। কীভাবে মাথা ঠান্ডা রাখি বলুন''। মহামহোপাধ্যায়, বাচস্পতি শ্রীঅশোক কুমার চট্টোপাধ্যায় দৃঢ় কণ্ঠে বললেন, ''কিরীটী, নিন্দুকের ধর্ম নিন্দে করা। তুমি কি চাও তোমর জন্য কেউ ধর্মচ্যুত হোক?'' ব্যাখ্যা নিষ্প্রয়োজন।

শ্রী শ্রী গীতার আঠারোটি অধ্যায়ের সর্বশেষটির নাম 'মোক্ষযোগ'। মোক্ষ বা মুক্তি বলতে আমরা কি বুঝি? শাস্ত্র-বর্ণিত, অর্থাৎ জন্ম-মৃত্যু অমোঘ বৃত্তের উর্ধ্বে নিজেকে প্রতিষ্ঠা করা? এমন এক স্থিতি যেখানে 'পুনর্জন্ম ন বিদ্যতে'? যদি আমি পুনর্জন্মে বিশ্বাসই না করি? শাস্ত্র বলপূর্বক বিশ্বাস করানোয় বিশ্বাসী নন। তাহলে কী মুক্তি আমার অধরাই থেকে যাবে?

তা কেন? মুক্তির দ্যোতনা এক একজনের কাছে এক এক রকম। অভিনেতার মুক্তি তার অভিনয়ে, গায়কের মুক্তি তার সঙ্গীতে, ব্যাথাতুর রোগীর মুক্তি তার ব্যথা উপশমে, লেখকের মুক্তি তার লেখালিখিতে...

মোক্ষলাভ হেতু সন্ন্যাসের প্রয়োজন কতোটা? সংসার ত্যাগ করে সংসারিদেরকেই পরামর্শ দেওয়া, সংসার থেকেই মাখন-রুটি সংগ্রহ করা সন্ন্যাস হয় কীভাবে? গীতায় উল্লেখিত উপদেশগুলো বর্তমান আর্থসামাজিক প্রেক্ষাপটে গুরুত্বপূর্ণ নাকি গুরুত্বহীন, এমন ভাবনার বশবর্তী হয়েই লিখেছিলাম 'রিফ্লেকশন্স অন স্যালভেশন'। গল্পকার বিতান চক্রবর্তী আঠারোটি গদ্যকে নিজের আমেজে লিখেছেন বাংলা ভাষায়। নির্দ্বিধায় বলবো, আমার লেখার প্রতি সুবিচার করেছেন বিতান। ভালো বা মন্দ বিচার করবেন পাঠক। মননশীল পাঠক মূল ইংরেজি বইটির মতো এই বইটিকেও সমাদর করবেন, আমি বিশ্বাস করি।

কিরীটী সেনগুপ্ত
৩০ সেপ্টেম্বর, ২০১৬
কলকাতা-৭৪